Andre Schätz

War Catull's Lesbia die von der Forschung favorisierte Clodia?

GRIN Verlag

Bibliografische Information der Deutschen Nationalbibliothek:

Die Deutsche Bibliothek verzeichnet diese Publikation in der Deutschen National-
bibliografie; detaillierte bibliografische Daten sind im Internet über http://dnb.d-
nb.de/ abrufbar.

Dieses Werk sowie alle darin enthaltenen einzelnen Beiträge und Abbildungen
sind urheberrechtlich geschützt. Jede Verwertung, die nicht ausdrücklich vom
Urheberrechtsschutz zugelassen ist, bedarf der vorherigen Zustimmung des Verlages. Das gilt insbesondere für Vervielfältigungen, Bearbeitungen, Übersetzungen,
Mikroverfilmungen, Auswertungen durch Datenbanken und für die Einspeicherung
und Verarbeitung in elektronische Systeme. Alle Rechte, auch die des auszugsweisen
Nachdrucks, der fotomechanischen Wiedergabe (einschließlich Mikrokopie) sowie
der Auswertung durch Datenbanken oder ähnliche Einrichtungen, vorbehalten.

Impressum:

Copyright © 2012 GRIN Verlag GmbH
Druck und Bindung: Books on Demand GmbH, Norderstedt Germany
ISBN: 978-3-656-25575-8

Dieses Buch bei GRIN:

http://www.grin.com/de/e-book/197192/war-catull-s-lesbia-die-von-der-forschung-
favorisierte-clodia

Gymnasium Dorfen
Sommer 2012

War Catull's Lesbia die von der Forschung favorisierte Clodia?

Andre L. Schätz

1

Inhaltsverzeichnis

1. Der Name Lesbia

Die erste Frage dreht sich um den Namen selbst. Warum Lesbia? Um die nächstliegendste Erklärung – nämlich ein Mädchen dieses Namens – auszuschließen, wurden die Inschriften von rund 150 Grabsteinen aus dem ersten Jahrhundert vor Christus, welche man in der Nähe von Rom gefunden hatte, untersucht. Obwohl ein guter Querschnitt durch die Gesellschaft vorhanden war, fand sich keine Frau dieses Namens.

Da Lesbia also kein 'realer Name' war, ist es unwahrscheinlich, dass 'sie' tatsächlich diesen Namen trug. Das heißt noch nicht, dass Lesbia ein Pseudonym war, Catull könnte sie sich ausgedacht haben. Das kann man wie folgt ausschließen: „Ovid jedenfalls muss ihn (den wahren Namen Lesbias) gekannt haben; er hätte sonst nicht so sicher sagen können, dass Lesbia ein Pseudonym sei."[1]

Heutzutage denkt man, wenn man Lesbia hört, an lesbisch, doch hat Lesbia in der Lateinischen Sprache nicht unbedingt etwas mit lesbisch zu tun. Kommt unser Wort doch von der griechischen Dichterin Sappho, welche im vierten vorchristlichen Jahrhundert auf der Insel Lesbos lebte und leidenschaftliche Gedichte über die Liebe zwischen Frauen schrieb. Catull kannte ihre Gedichte, er veränderte eines und baute den Namen Lesbia ein (c. 51). Einen offenkundigeren Zusammenhang kann man sich nicht wünschen. Wörtlich übersetzt bedeutet Lesbia 'Frau von der Insel Lesbos'. Das kann ihr sowohl dichterisches Talent, wie Intelligenz und Klugheit, als auch Gleichgeschlechtlichkeit unterstellen, war also sehr positiv, aber auch extrem negativ aufzufassen. Gleichgeschlechtlichkeit unter Frauen galt in der damaligen Zeit als äußerst unschicklich.

Doppeldeutigkeit ist in Gedichten dieser Epoche jedoch weit verbreitet und erwünscht, deshalb kann man davon ausgehen kann, dass Catull diesen doppelten Sinn wollte.

---

1 Syndikus, Hans Peter: Catull. Erster Band,S. 26

2. Gaius Valerius Catullus

In der Hoffnung, seine Gedichte besser verstehen zu können, werfen wir einen kurzen Blick auf Catulls Leben. Leider wissen wir nicht viel über ihn, noch nicht einmal, von wann bis wann er genau lebte. Doch wird angenommen, dass er zwischen 86 und 82 v.Ch in Verona zur Welt kam. Sein Vater war ein Equitus, also ein Angehöriger des Landadels. Das Haus seiner Eltern war so vornehm, dass sogar Gaius Julius Caesar bei ihnen übernachtete.

Irgendwann ging Catull dann nach Rom, vermutlich im Alter von 20 Jahren. Um Politiker zu werden? Vielleicht. Wir wissen erneut nicht wann, doch er erwarb eine Villa in Rom und einen Landsitz bei Tivoli. Im Jahre 57 v.Ch. verließ er Italien, um den Prätor C. Memmius mit Helvetius Cinna nach Bithynien zu begleiten. Im darauffolgendem Jahr kehrte er nach Italien zurück, nicht ohne die berühmten Städte Kleinasiens zu besichtigen. Doch: „In Rom wurde für Catull die Literatur wichtiger als Politik. Bei einem jungen Mann, der auf politischem Gebiet bis zu seinem dreißigsten Lebensjahr nichts anderes unternommen hat, als einmal in der Begleitung eines Proprätors Aufgaben in der Provinz zu versehen, kann das politische Engagement nicht besonders groß gewesen ein."[2]

Das heißt aber nicht, dass er kein politisches Interesse gehabt hat, wie in vielen seiner Gedichte deutlich wird. So c. 52, c. 54, und in c. 57 nennt er Caesar einen Stricher. Um nur ein paar der zahllosen Beispiele zu nennen.

Weiter wissen wir nicht genau, wann er starb, nach dem derzeitigen Stand der Forschung zwischen 54 und 50 v.Ch.

---

2 Syndikus, Hans Peter: Catull. Erster Band,S. 5

3. Der Lesbia Zyklus

Die ersten Gedichte, in denen von Lesbia die Rede sein könnte, sind die Sperlingsgedichte, in denen er von dem Sperling seines 'Mädchens' redet (c. 2 und 3). In c. 5 taucht dann der Name Lesbia zum ersten mal auf, er schreibt: „Leben wollen wir, meine Lesbia, und uns lieben." [3]. In c. 7 antwortet er seiner geliebte Lesbia dann, wie viele Küsse ihm von ihr genug wären. Das Glück der beiden Liebenden scheint vollkommen. *Doch in c. 8 schildert er den Schmerz, den ihm seine Liebe zu seinem 'Mädchen' eingebracht hat, und er appelliert an sich selbst, Abstand zu ihr zu nehmen. Der Name Lesbia wird aber nicht explizit erwähnt. (Gedichtinterpretationen, bei denen man* nicht *sicher sein kann, ob sich die Gedichte auf Lesbia beziehen, sollen im Folgenden zum besseren Verständnis kursiv geschrieben werden.)*

Darauf folgt ein längeres Intermezzo bis c. 43, bei dem auch von der Liebe zu Frauen anderen Namens die Rede ist (z.B.: c. 25). In c. 43 zählt Catull die nicht schmeichelhaften Eigenschaften einer anderen Frau auf, die mit seiner Lesbia verglichen wird und empört sich über den infamen Vergleich; ein Aufflammen der Beziehung – sollte diese unterbrochen worden sein – ist aber nicht sicher. Das nächste Gedicht, in dem Lesbia Erwähnung findet, ist das zuvor bereits erwähnte c. 51, die Umdichtung Sapphos. Hier heißt es, dass zu viel Begehren schon ganze Städte, Könige zerstört hat und Lesbias betörende Wirkung auf ihn wird deutlich, nicht aber, dass seine Gefühle erwidert werden. Kurz darauf, in c.58, meint Catull voller Inbrunst, dass er sie mehr liebe, als sich selbst.

Nach einer längeren Unterbrechung (Nicht wegen der Anzahl der Carminae, sondern wegen der Länge) scheint seine Liebe in c. 70 endlich Erwiderung zu finden, denn 'Sie' will keinen mehr heiraten als ihn. Aber, so könnte man sich fragen, warum schreibt er nicht, dass 'Sie' ihn heiraten will? Darüber können wir nur spekulieren.

Fest steht hingegen, dass er in c. 75 am Boden zerstört schreibt, Lesbia habe ihm sein Herz gebrochen und doch liebe er sie noch, wofür er ihr die Schuld gibt. Leere Versprechungen? *In c. 76 geht es mit seiner Verfassung nicht bergauf, denn er schreibt: „Oh ihr Götter...nehmt...diese verderbliche Pest von mir (gemeint ist die Liebe). ...Nicht mehr bitte ich, dass sie mir Gegenliebe schenkt,...ich wünsche nur selbst, gesund zu sein und diese grässliche Krankheit abzulegen"*[4]. Deutlich und glaubhaft schafft es der Dichter,

---

3 Übersetzung von Michael von Albrecht: Catull Sämtliche Gedichte, S. 11   (Reclam Verlag)
4 Übersetzung von Michael von Albrecht: Catull Sämtliche Gedichte, S. 146f.   (Reclam Verlag)

seine tiefe Verzweiflung auch durch den Schleier der Zeit dem Leser zu vermitteln. Doch in c. 78a schreibt er, dass er 'Sie' immer noch hoch schätzt. *Ob er über den Trennungsschmerz hinweg gekommen ist und nun auch der guten Zeiten gedenkt ist letzten Endes Interpretation.* C. 79 ist insofern interessant, weil ein sog. Lesbius in Erscheinung tritt. Der Dichter schreibt 'Lesbius est pulcer', also Lesbius ist schön. Des weiteren dichtet er, dass Lesbia Lesbius lieber hat als Catull. Auf dieses Carmen soll im Folgenden noch weiter eingegangen werden, genau wie c. 83. Denn darin teilt Catull mit, dass Lesbia vor und mit ihrem <u>Mann</u> über ihn lästert, weswegen sie ihn immer noch lieben muss... hier wir deutlich, dass er sie immer noch liebt, denn die Begründung: 'deshalb liebt sie mich noch' wirkt wenig überzeugend. C. 86 erinnert von der Aussage her an c. 43, er spricht wieder von einer Frau, die seiner Ansicht nach nicht an Lesbias Klasse herankommt. In c. 87 erinnert er den Leser an die Größe seiner Liebe, indem er dichtet, dass keine Frau behaupten könne, jemals so geliebt worden zu sein, wie seine Lesbia von ihm. Dagegen kontrastiert c. 92, indem er beschreibt, wie ungerecht sie ihn beschimpft. Zugleich verflucht er seine Liebe zu ihr erneut, doch klingt er dieses mal optimistischer.

In c. 107 findet eine deutliche Wendung in der Beziehung zwischen Catull und seiner Liebe statt. Denn Lesbia 'schenkt' sich ihm 'erneut', was auch immer der Leser darunter verstehen mag. Catull ist erfreut und euphorisch, so wurde er – wie er schreibt – 'unverhofft' erhört und alles Gold der Welt ist ihm nicht so teuer, wie dass seine Liebe 'aus freien Stücken' wieder zu ihm zurück gekehrt ist. *In c.109 schreibt er von der Beständigkeit der Liebe und der Hoffnung auf ewige Freundschaft.*

Seite[5]	7	9	11	13	13	51	59	63	139	143	143	145	147	149	151	151	153	161	163
Carmen	2	3	5	7	8	43	51	58	70	75	76	78a	79	83	86	87	92	107	109

Gedichte, in denen der Name Lesbia auftaucht:

Gedichte, die an Lesbia gerichtet sein <u>könnten</u>:

5 Entspricht der Seitenzahl des Buches: Catull Sämtliche Gedichte Lateinisch/Deutsch des Reclam Verlages, herausgegeben und übersetzt von Michael von Albrecht

4. Das Leben der Clodia

Um Lesbia mit Clodia vergleichen zu können, müssen wir auch über letztere soviel wie möglich wissen,.

Geboren wurde Clodia als Claudia – warum wird später erläutert – vermutlich im Jahr 94 v.Ch. . Ihr Vater war der römische Politiker Appius Claudius Pulcher (Konsul 79 v. Chr.), ein Angehöriger des Gens der Claudiae (Patrizier), ihre Mutter Caecilia Metella stammte aus dem Gens der Meteller, welche die einflussreichste plebejsche Familie dieser Zeit war. Claudia war die Mittlere von zwei Schwestern, die ebenfalls Claudia hießen, hatte drei Brüder, von denen wir uns aber nur mit Publius Claudius Pulcher näher beschäftigen.

Claudia genoss von frühester Kindheit an die beste Bildung, während ihr Bruder Publius nicht besonders gut in der Schule gewesen sein soll. Ihre Schwestern, sie selbst und Publius wechselten ihre Namen von Claudius/Claudia in Clodius/Clodia. Durch diese Namensänderung wurden sie von Patriziern zu Plebejern. Publius tat dies um sich für das Amt des Volkstribun wählen lassen zu können (Volkstribun zu werden war Patriziern verboten). Seine Schwestern, um zu zeigen, dass sie hinter ihm stünden. Wie so viele seiner politischen Aktionen hielten das seine Konkurrenten für die Idee seiner Schwester, der Clodia. Im Jahre 66 v.Ch wurde die jüngere Clodia geschieden. Im Jahre 61 v.Ch starb der Mann der älteren Clodia. Wann man die mittlere Clodia genau mit Quintus Caecilius Metellus Celer verheiratet hat ist nicht bekannt, dafür aber, dass er im Jahre 59 v.Ch unter mysteriösen Umständen starb. Clodia wurde beschuldigt ihn vergiftet zu haben, zur Anklage kam es mangels Beweise aber nicht.

Aus dem April des Jahres 56 v.Ch ist uns die Rede '*Pro Caelio*' des begnadeten Anwalts, Politikers, Rhetorikers und '*Homo Novus*' Marcus Tullius Cicero erhalten, in dem unsere Clodia als Klägerin und Hauptzeugin auftritt. Cicero verteidigt in der Rede seinen Schüler Rufus Caelius, einen Ex - Liebhaber Clodias. Diese behauptete, Caelius habe sich Geld von ihr geliehen, versucht sie zu vergiften, sei ein Anhänger Catilinas und verantwortlich für einen Mordanschlag auf eine ägyptische Gesandtschaft. Sie war die wichtigste Zeugin in den ersten zwei Anklagepunkten. Cicero unterstellte ihr Inzest mit ihrem Bruder Publius, bezeichnete sie als billige Dirne, enttäuschte Liebhaberin und griff im weiteren Stadtklatsch und Skandale der letzten Jahre auf. Selbstredend ist damit zu rechnen, dass

Cicero in seiner Darstellung um einiges übertrieb, doch da er gewann, muss wohl deutlich mehr als ein Fünkchen Wahrheit in den Anschuldigungen stecken. So sagt er zum Beispiel: „Ich würde das mit noch mehr Nachdruck tun, wenn mir da nicht meine persönlichen Querelen *(gemeint ist, dass Publius, als er Volkstribun war, Cicero verbannte. Ein gewisser Titus Annius Milo holte ihn aus der Verbannung zurück.)* ihn mit dem Mann dieser Dame dazwischen kämen.– mit dem Bruder, wollte ich sagen, hier verspreche ich mich doch jedes mal!"[6]

Hier gibt Cicero also vor, den Mann und den Bruder Clodias nicht auseinander halten zu können, nachdem er ihr mit eben Inzest mit jenem unterstellt hatte. Dies ist nur eines der zahlreichen Beispiel für das rhetorische Talent des Redners.

Ihr Bruder Publius war einer der bedeutendsten Bandenführer seiner Zeit, doch im Jahre 52 v. Ch. gab es ein gewaltsames Zusammentreffen seiner Bande und der des bereits erwähnten Titus Annius Milo auf der Via Appia. Clodius überlebte diesen Zusammenstoß nicht. Man klagte Milo an, seinen Rivalen ermordet zu haben. Cicero war sein Verteidiger, in seiner Rede wiederholt er die Anschuldigung des Inzests, beschuldigt Publius einen Frevel begangen zu haben und unterstellt ihm, dass er beabsichtigt habe, König von Rom zu werden. Namentlich wird Clodia nicht erwähnt, doch kann davon ausgegangen werden, dass sie unter den Vorwürfen gegen ihren Bruder auch zu leiden hatte. Diese Rede kennen wir heute unter dem Namen 'Pro Milo'.

Das letzte mal wird Clodia um das Jahr 44 v. Ch. In einem Brief Ciceros erwähnt, danach verlieren sich ihre Spuren im Dunkel der Geschichte.

---

6 Übersetzung von Marion Giebel: Pro M. Caelius (Reclam Verlag)

5. Ein Versuch der Erstellung der Entstehungsdaten der Carmina

Rekapitulieren wir, was uns bis jetzt bekannt ist: Lesbia hat einen bekannten namens Lesbius, den sie mehr liebt als Catull. Clodia hat einen Bruder mit Namen Clodius, mit dem sie ein Inzestuöses Verhältnis gehabt haben soll; Lesbia hatte einen Mann, Clodia auch. Letzteres ist eindeutig ein Hinweis, doch noch lange nicht ausreichend. Nun wäre es doch hilfreich, wenn die Zeit, in der Carmen 83 entstanden ist ,in die Zeitspanne passt, in der Clodia verheiratet war. Doch, wie beweist man das? Beim intensiven Studium von Catulls Werken fallen zwei Carmina auf:

In c. 11 schreibt Catull: „...mag er die hohen Alpen überschreiten und die Ruhmesstätten des großen Caesar besichtigen: den gallischen Rein, die schreckenerregende See und die Britannier am Ende der Welt,...“[7] Dem aufmerksamen Leser mag auffallen, dass c. 11 nach Caesars erster Expedition nach Britannien geschrieben worden sein muss, also nach 55 v.Ch.. Doch ist es auch möglich, dass Catull das Carmen erst nach der zweiten Expedition im Jahre 45 v.Ch. geschrieben hat.

C. 53 dagegen schildert einen Prozess: „Eben habe ich über einen aus dem Publikum gelacht, der, als mein Clavus die Anklagepunkte gegen Vatinius glänzend dargelegt hatte, voller Bewunderung die Arme empor warf und rief: „Große Götter, welch geöltes Göschlein hat der Knirps!“ [8] das wiederum sagt uns, dass c. 53 kurz nach der Anklage von Clavus gegen Vatinius geschrieben worden sein muss. Diese hat entweder um 54 oder 56 v.Ch. stattgefunden, die Forschung ist noch nicht weit genug, um das genau sagen zu können. Daraus kann man schließen, dass c.83 spätestens 55 v.Ch. geschrieben worden sein muss. Clodias Mann starb aber schon 59 v.Ch. . Also doch eine andere?

Durchaus möglich; aber wer sagt, dass Carmen Nr. 83 nach Carmen Nr. 11 geschrieben wurde? Wer hat festgelegt, was c. 1 und was c.100 ist? Leider fand sich auf diese wichtige Frage noch keine Antwort. Gehen wir im weiteren davon aus, dass die Reihenfolge nicht stimmen muss, aber richtig sein kann.

---

7 Übersetzung von Michael von Albrecht: Catull Sämtliche Gedichte, S. 19   (Reclam Verlag)
8 Übersetzung von Michael von Albrecht: Catull Sämtliche Gedichte, S. 59   (Reclam Verlag)

6. Das Zeitfenster in der Übersicht

Zum historischen Überblick seien die folgenden Jahreszahlen und Ereignisse tabellarisch aufgeführt.

(*Alle folgenden Zeitangaben beziehen sich auf das erste vorchristliche Jahrhundert.*)

94	Clodia*
86 - 82	Catull*
66	Scheidung der jüngeren Clodia
61	Tod des Gatten der älteren Clodia
59	Tod Celers
57	Catull verlässt Italien
56/54	Entstehung Carmen 53
56	Pro Caelius
55/54	Entstehung Carmen 11
50 – 54	Tod Catull
52	Tod Clodius
52	Pro Milo
44	Letzte Erwähnung von Clodia

7. Die Suche nach der Antwort in der Sekundärliteratur

Wenn man versucht eine Frage zu beantworten sollte man auch die Bücher lesen, die vorher zu dieser oder ähnlichen Fragen geschrieben worden sind. Die wichtigsten Auszüge sollen hier Erwähnung finden.

„Apuleius berichtet im zweiten Jahrhundert in seiner Verteidigungsrede, Lesbias wirklicher Name habe Clodia gelautet. Er hat sich gegen den Vorwurf zu verteidigen, er habe die Namen schöner Knaben mit Pseudonymen verhüllt."[9]

Die Frage ist, ob auf die Aussage des Apuleius Verlass ist. So könnte er auch irgendeinen bekannten Namen genommen haben um seine Argumentation zu stützen. Also leider keine verlässliche Quelle. Nichtsdestotrotz ein Hinweis. Auch wenn nicht ganz klar wird, welche Clodia gemeint ist.

„Auch das von Bentley entdeckte Gesetz, dass ein Pseudonym in der Dichtung immer ein genaues metrisches Äquivalent des wirklichen Namens sein muss, spricht für Clodia."[10]

Hier wird ein Argument dafür gebracht, dass es *eine* Clodia sein kann. Hinzuzufügen ist, dass wir nicht wissen, welche anderen Clodias zu dieser Zeit lebten.

---

9   Somchai Areerasd: Zu: "Catulls Carmen 8 und 76" – Zweimal Abschied von Lesbia? S.4   (Grin Verlag)
10 Somchai Areerasd: Zu: "Catulls Carmen 8 und 76" – Zweimal Abschied von Lesbia? S.5   (Grin Verlag)

8. Zusammenfassung

Nun kommen wir auf die Fragestellung am Anfang zurück: „War Catulls Lesbia Clodia?".
Dafür spricht, dass:

- sich Clodia und Catull gekannt haben müssen
- die Bentley'sche Regel auf Clodia anwendbar ist
- Lesbia wie Clodia müssen gebildet gewesen sein (eine ungebildete Frau hätte die Anspielung auf Sappho nicht zu schätzen gewusst und Lesbia wird als klug beschreiben)
- Lesbius (siehe Seite 9)
- Apuleius bezeichnete rund 200 Jahre später eine Clodia als Lesbia, ob er eine ihrer Schwestern meinte, die im Vergleich zu Clodia politisch und gesellschaftlich unauffällig waren, ist ungewiss

Aber auf der anderen Seite:

- wenn die Reihenfolge der Carmina stimmt, schrieb Catull über ihren Mann im Präsens, als dieser schon tot war
- Lesbia wird nie direkt als skandalumwittert bezeichnet, Clodia war es mit Sicherheit
- Wir wissen insgesamt wenig über die Damen dieser Zeit, es wäre gut möglich, dass es noch mehrere Frauen gibt, auf die Lesbia wesentlich besser passen würde, als auf Clodia
- in den meisten Quellen ist nur von Clodia die Rede, nicht aber davon, welche der drei Clodias gemeint ist, so könnte zum Beispiel ihre ältere Schwester genauso gut Lesbia sein, wie sie selbst oder ihre jüngere Schwester

Es bleibt also Raum für weitere Forschungen, die hoffentlich die Spekulationen durch Fakten ersetzen werden. Dieser Aufsatz kann beim heutigen Forschungsstand nur eine Hilfe zur Meinungsbildung sein.

9. Danksagung

Hier möchte ich all jenen Leuten danken, die mir bei der Entstehung dieses Büchleins mit Rat und Tat halfen.

Bei dem Lateinlehrer Herr Kerscher, der mir seine Ausgabe von Catulls Sämtlichen Gedichten lieh, Bei dem Lateinlehrer Herr Linner, der mich auf das Thema brachte und meinem Vater, der den Aufsatz korrigierte.

Vielen Dank, euch allen.

10. Quellenangabe

Catull Sämtliche Gedichte. Lateinisch/Deutsch. Reclam Verlag 1995. Übersetzt und herausgegeben von Michael von Albrecht.

Cicero Rede für Milo. Lateinisch/Deutsch. Reclam Verlag 1972. Übersetzt und herausgegeben von Marion Giebel.

Cicero Rede für M. Caelius. Lateinisch/Deutsch. Reclam Verlag 1994. Übersetzt und herausgegeben von Michael von Albrecht.

Zu: Catulls "Carmen 8 und 76" - Zweimal Abschied von Lesbia?. Grin Verlag. Studienarbeit von Somchai Areerasd

Catull – Eine Interpretation. Hans Peter Syndikus

E. A. Schmidt. Catull. Heidelberg. 1985